D1694013

Funkelnde Geheimnisse
Sanfte Poesie in kraftvollen Wortblüten

Ein grosses Dankeschön gebührt denen,
die mir die Edelsteine und Diamanten zur Verfügung stellten.

Bibliografische Information der Deutschen Nationalbibliothek
Die Deutsche Nationalbibliothek verzeichnet diese Publikation in der
Deutschen Nationalbibliografie; detaillierte bibliografische Daten sind im
Internet über http://dnb.d-nb.de abrufbar.

1. Auflage 2017
© Copyright bei der Autorin
alle Rechte vorbehalten

Alle Texte und Fotos sind urheberrechtlich geschützt und dürfen
nur mit ausdrücklicher Genehmigung verwendet werden.

Herstellung: TRIGA – Der Verlag
Leipziger Straße 2, 63571 Gelnhausen-Roth
www.triga-der-verlag.de

Druck: Druckservice Spengler, 63486 Bruchköbel

Printed in Germany
ISBN 978-3-95828-981-9

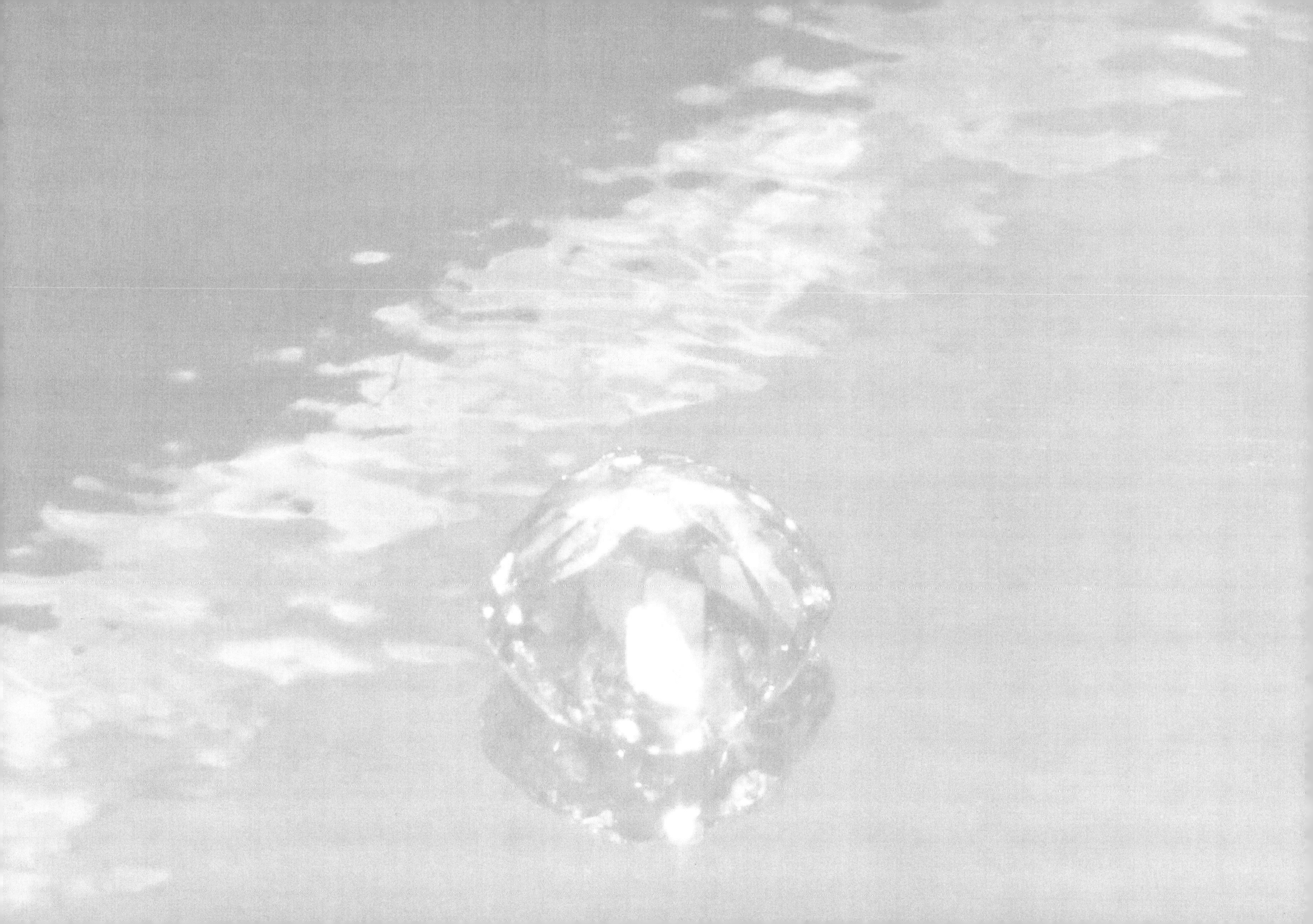

Die Zeit, überall die Zeit.
Vom Höheren gestellt.
Erhellend, wenn genug ist da.
Erstaunend, wenn es fliesst so schnell.
Die Zeit ist, ist?
Wo, wie, wann?
Die Zeit zu lieben ist immer noch!
Zeitlebens pocht das Herz für Dich!

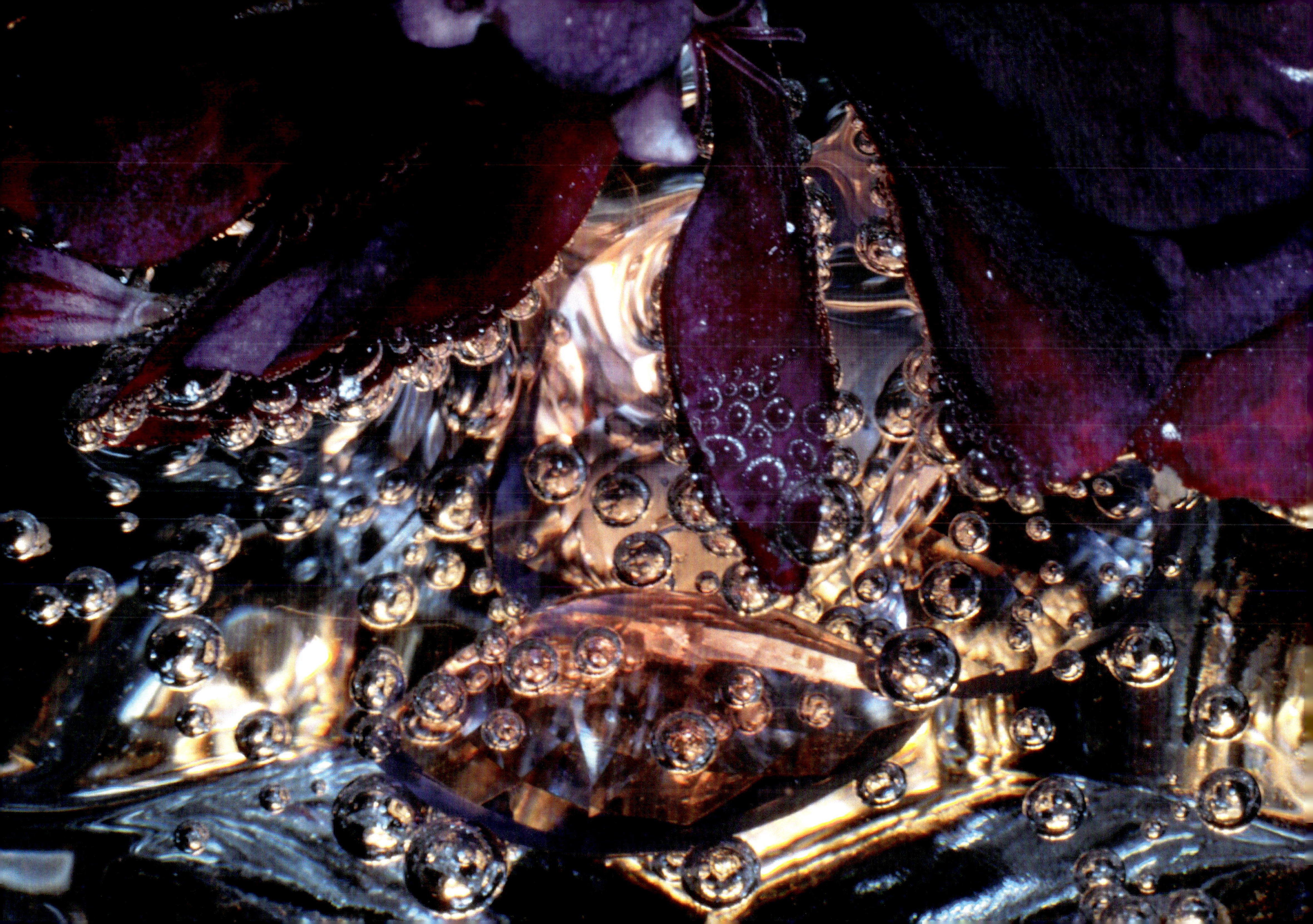

Aus meinem Herzen bin ich stimmig,
die Sonne erstrahlt in meinem Herzen.
Erleuchtet mich im ganzen Sein.
Mit Freude und innerer Wärme,
zeigt das Leben brillante Facetten.

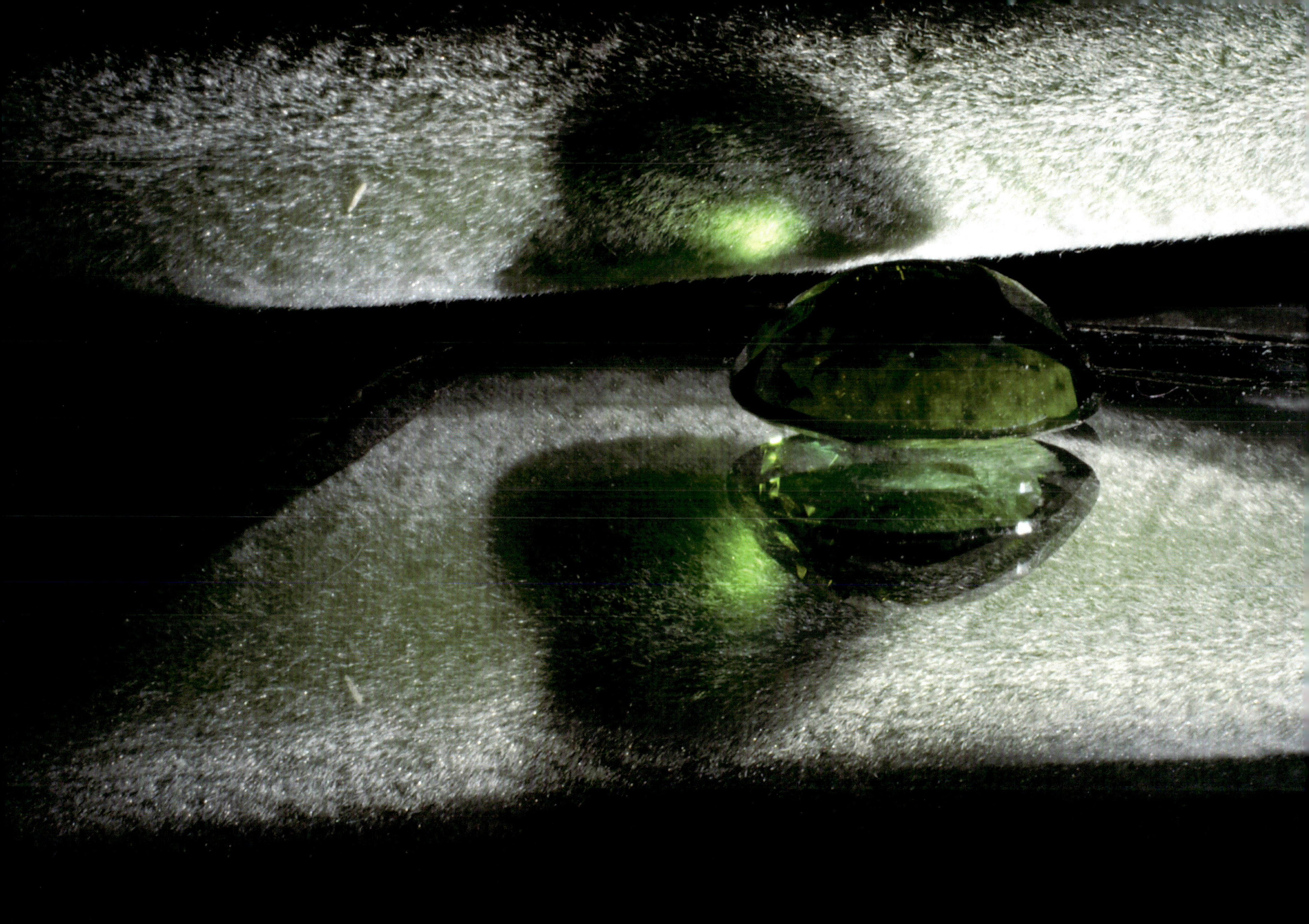

Einfach zu lächeln ist keine Kunst.
Ein wahres Erholungsgefühl Deiner Seele.
Die Freude in den kleinen Dingen,
lässt Dich achtsam erklingen.
Ein Ausgleich des Seins verschafft
wertvolle Gefühle.

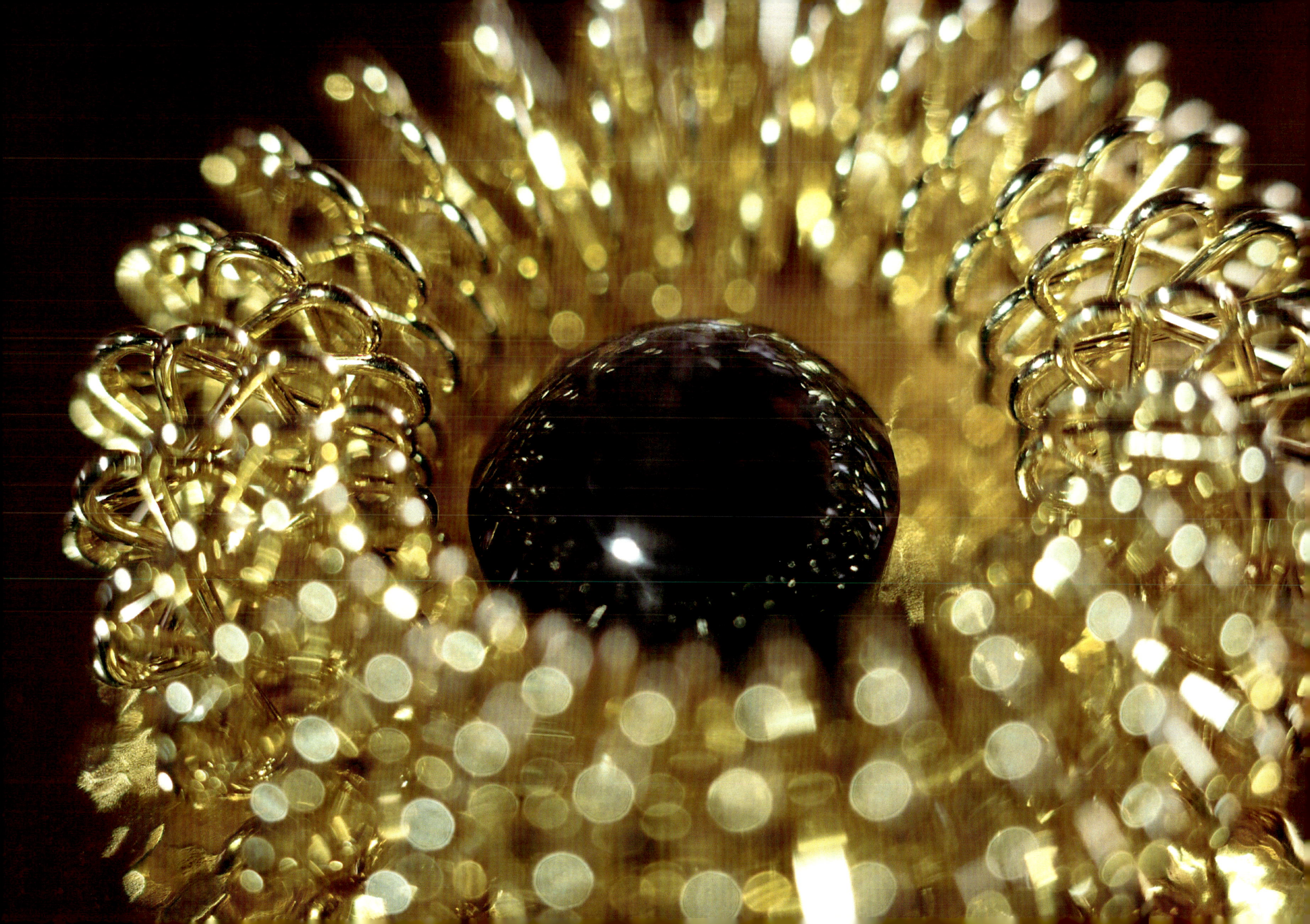

In weiter, weiter Ferne,
fernab von Strassen und Dörfern.
Auf dem Berg wo der Wind zu singen beginnt,
ist ein Sein in Ruhe und Genügsamkeit,
wo die Natur mit Dir spricht.

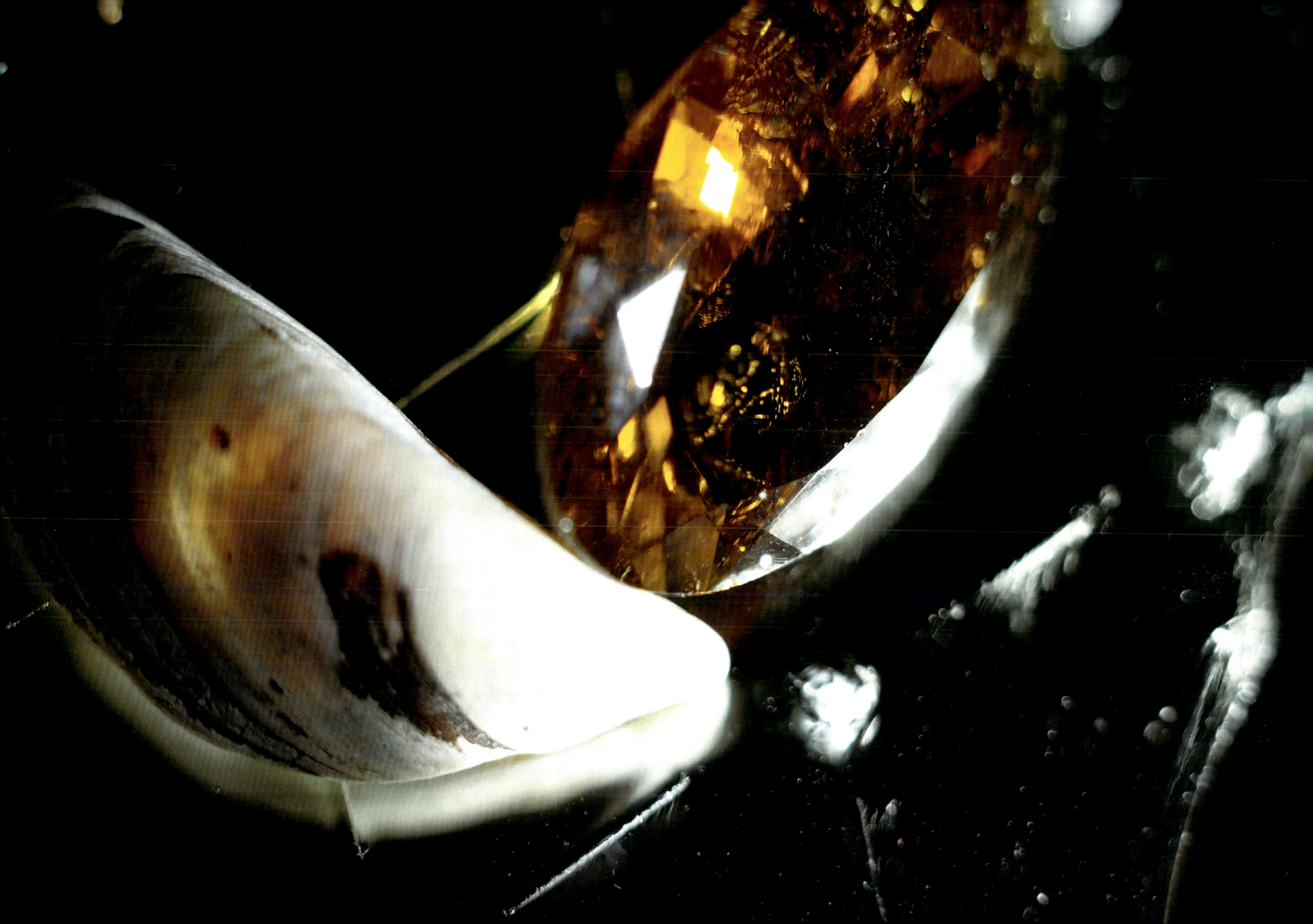

Ein Finden in Deiner Seele,
ein Blick aus Deinen Augen,
begreifst Du sehr,
wie wunderschön Dein Leben ist.
Die Liebe, die Du hast,
wächst in Deinem Herzen und blüht
wie eine Blume schön.
Klares Denken
und Du wandelst im Leben der Wahrheit.

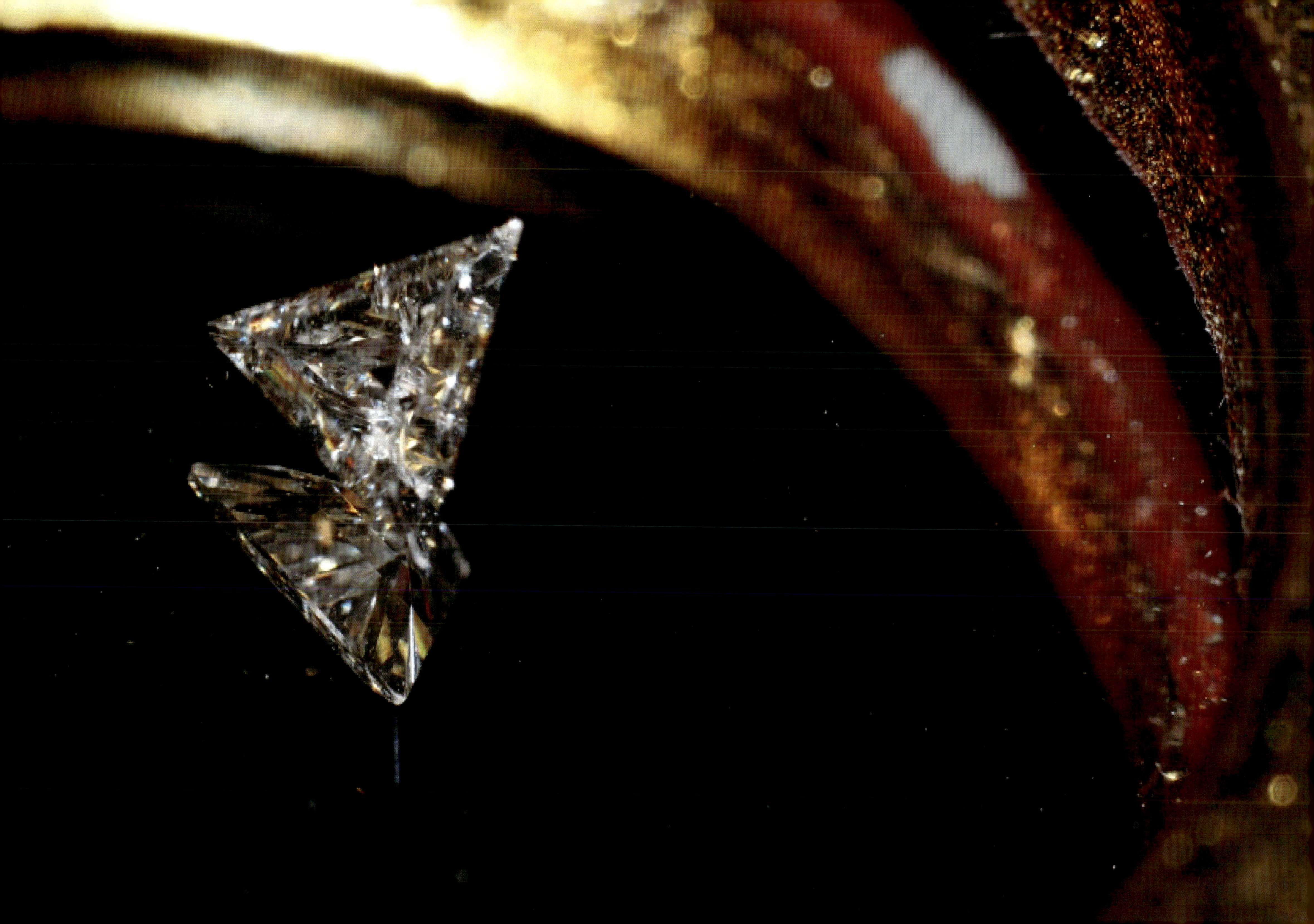

Welch fröhliche Gedanken
verbreiten sich in mir!
Die Natur im Aussen wie im Innen
gibt mir Kraft und Mut dazu.
Gelobe Dank für die Fülle in grandiosem
Kleid der Blüten.
Einmalig, das Spektrum der Farben
im schönen Glanz des Jetzigen.

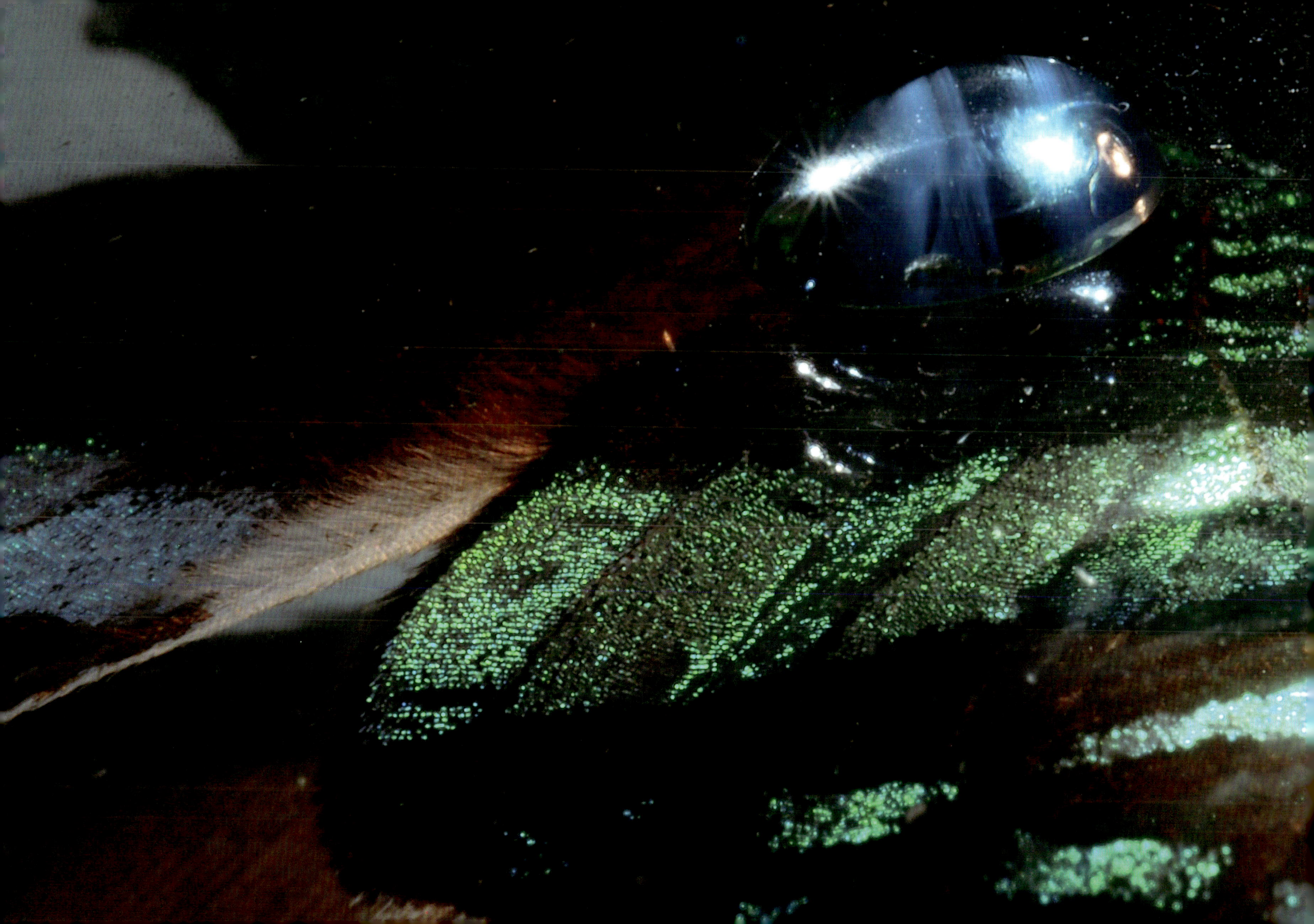

Ich bin keine Amateurin,
ich bin im geschätzten Alter.
Voll Weisheit und Wissen.
Meine Erfahrungen
sind mir eine grosse Hilfe,
um zu leben.
Vorzüge des Alters beherbergt
der Mensch in seiner Seele.

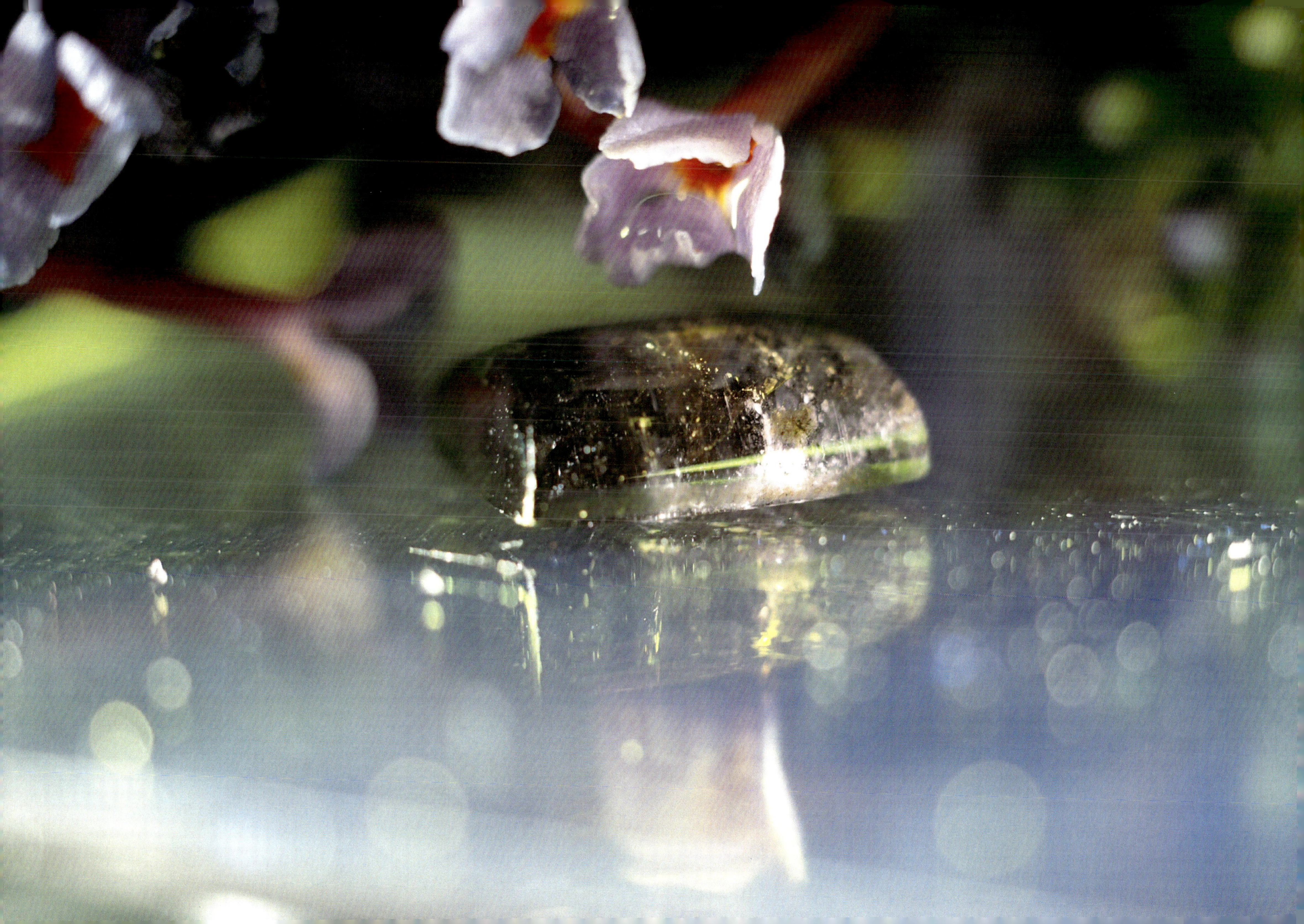

Ein Leben der Freude
entspringt aus Deinem Herzen.
Mit Nachsicht und Hilfe im Aussen,
erlebst Du Gutes.
Das Glück in Dir wächst aus Deiner Seele,
erfreust Deine Mitmenschen,
mit Liebe im Allsein.

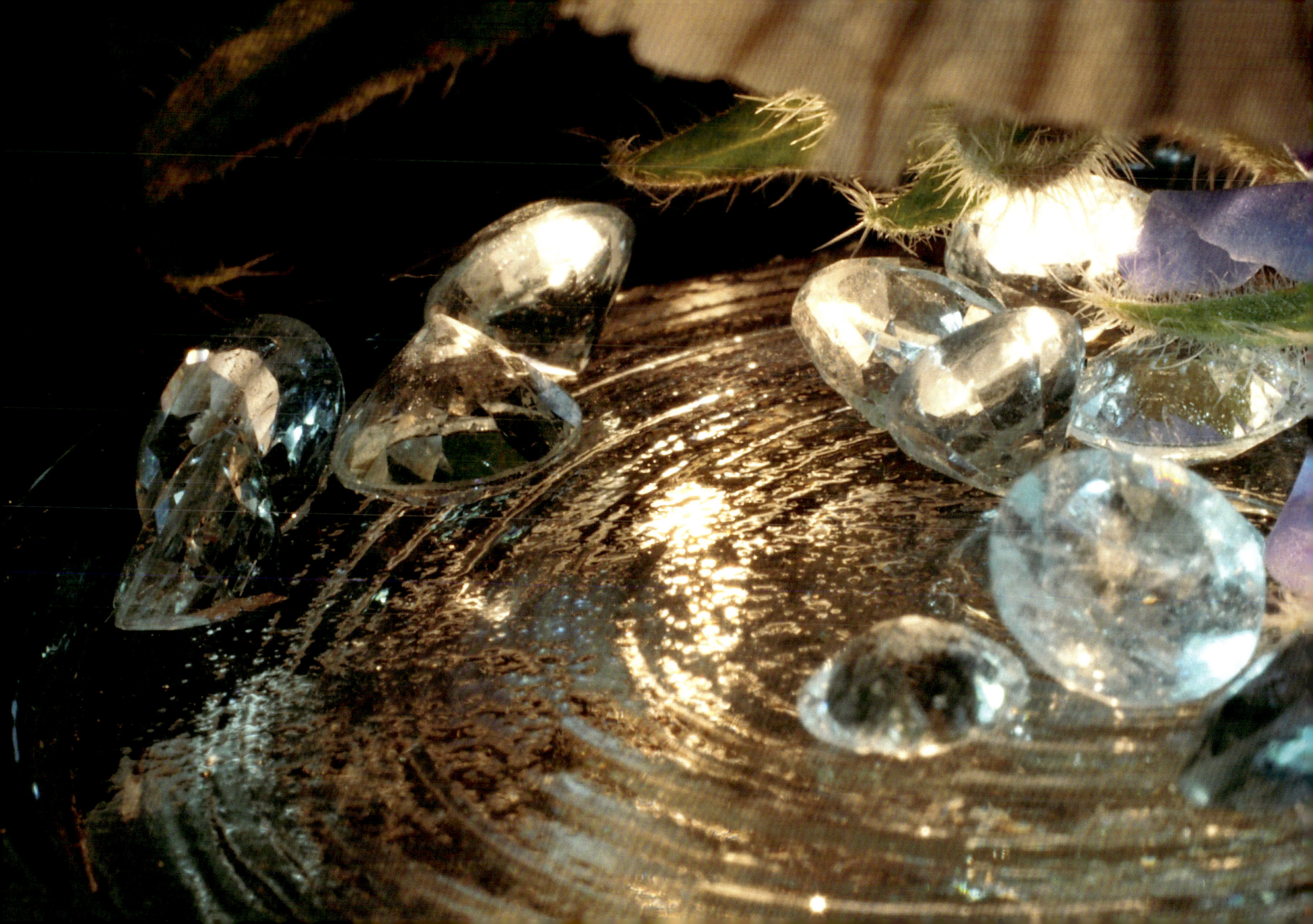

In Gedanken kommt es zum Wanken,
ob es so oder so besser wär.
Zu Leben mit strahlendem Gesicht,
durchleuchtet wie ein Sonnenschein,
oder bedenklich still.
Beides erfüllt seine Art zu Leben,
in ausgewogenen Zeiten der Erfüllung

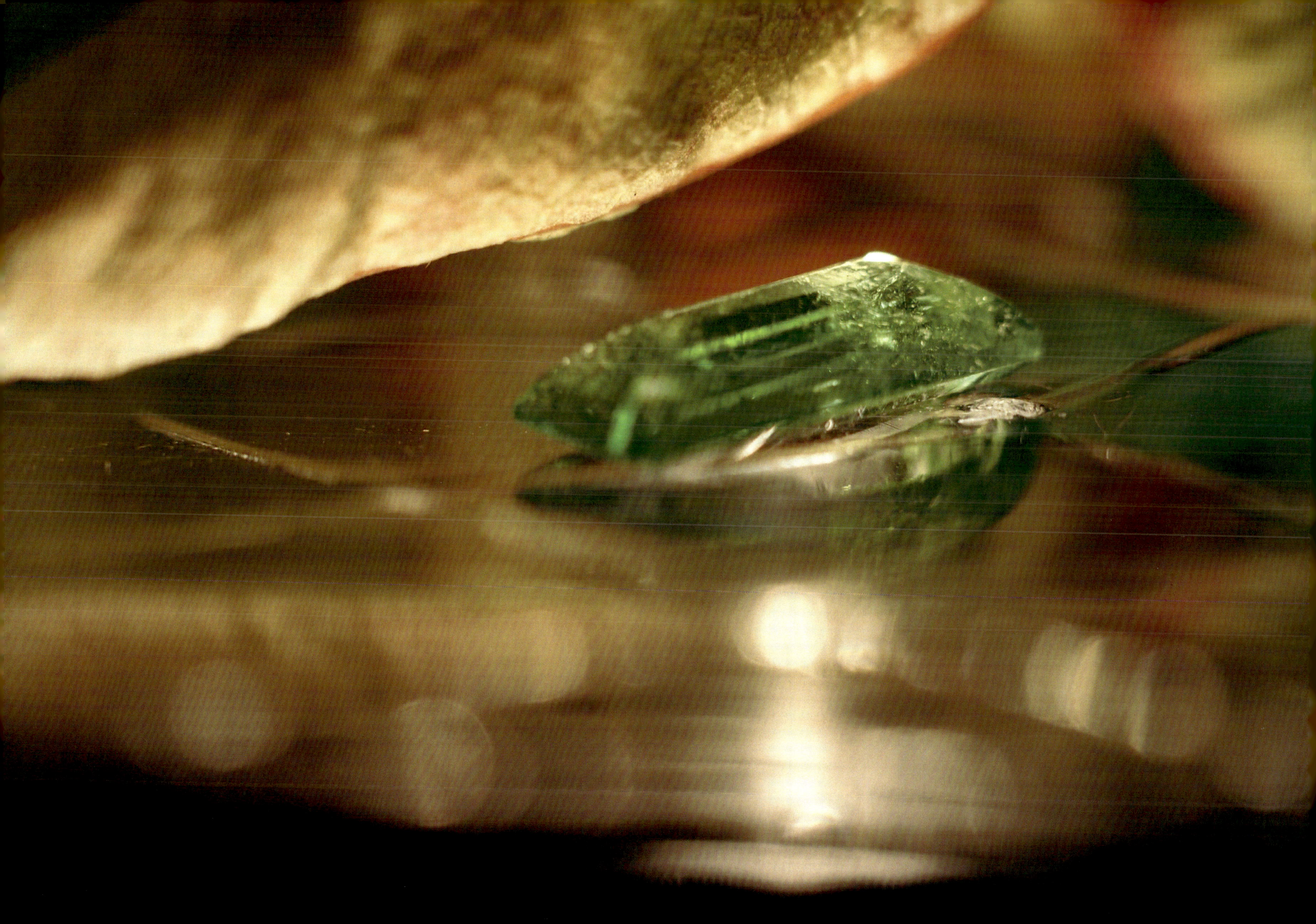

Entzücke die Welt mit Deiner Gabe
und lächle aus Deinem Herzen rein.
Beglückwünsche das Leben mit Freude
und Achtsamkeit.
Ergreife mit sanften Worten
die Herzen Deiner Lieben.

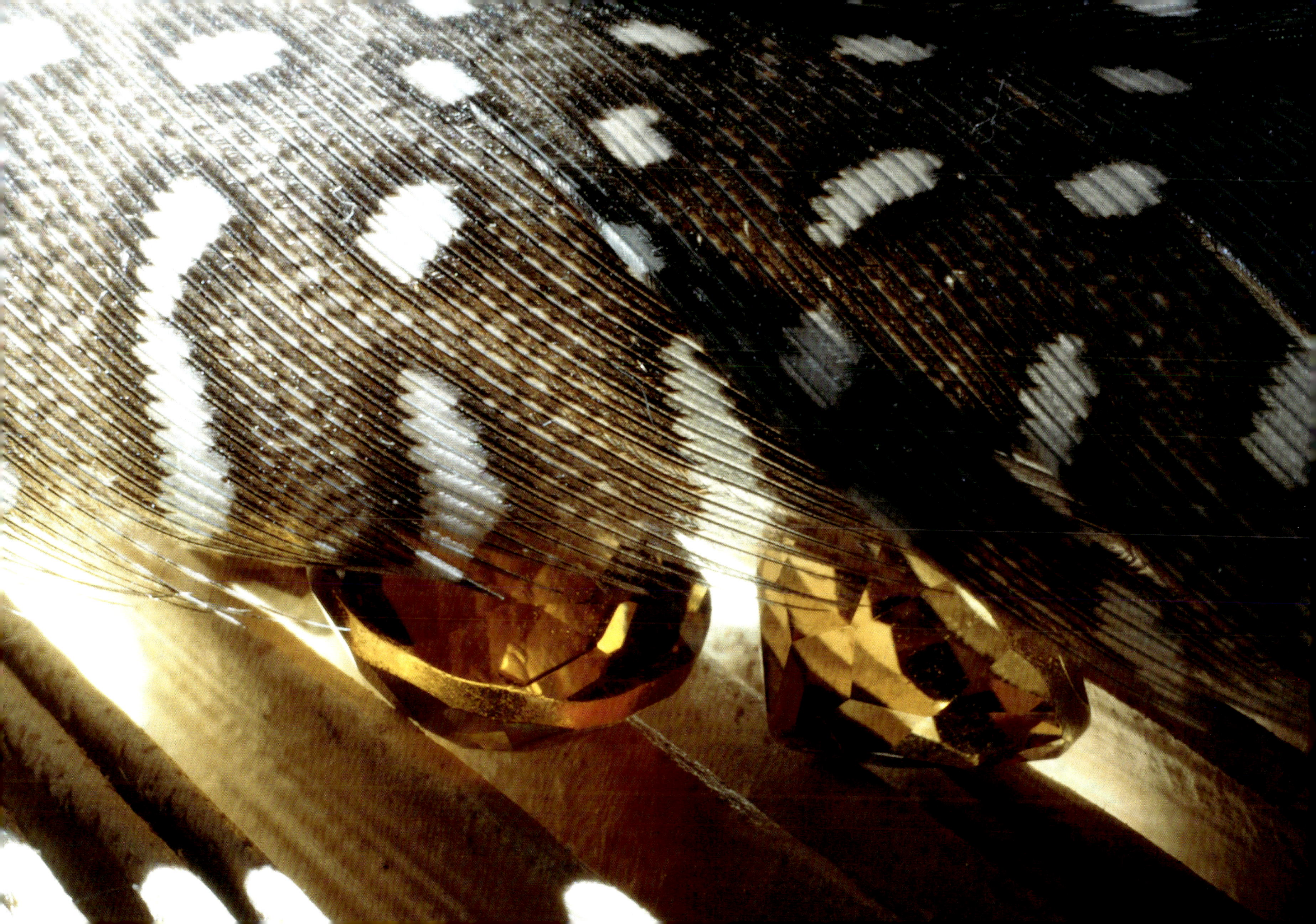

Beglücke Menschen mit Deinem Sein.
Erzähle Ihnen vom Sonnenschein.
Ergründe die wundervolle Natur.
Eine neue Welt schaut man ganz nah,
ein Traum zu sehen, was schon immer war.

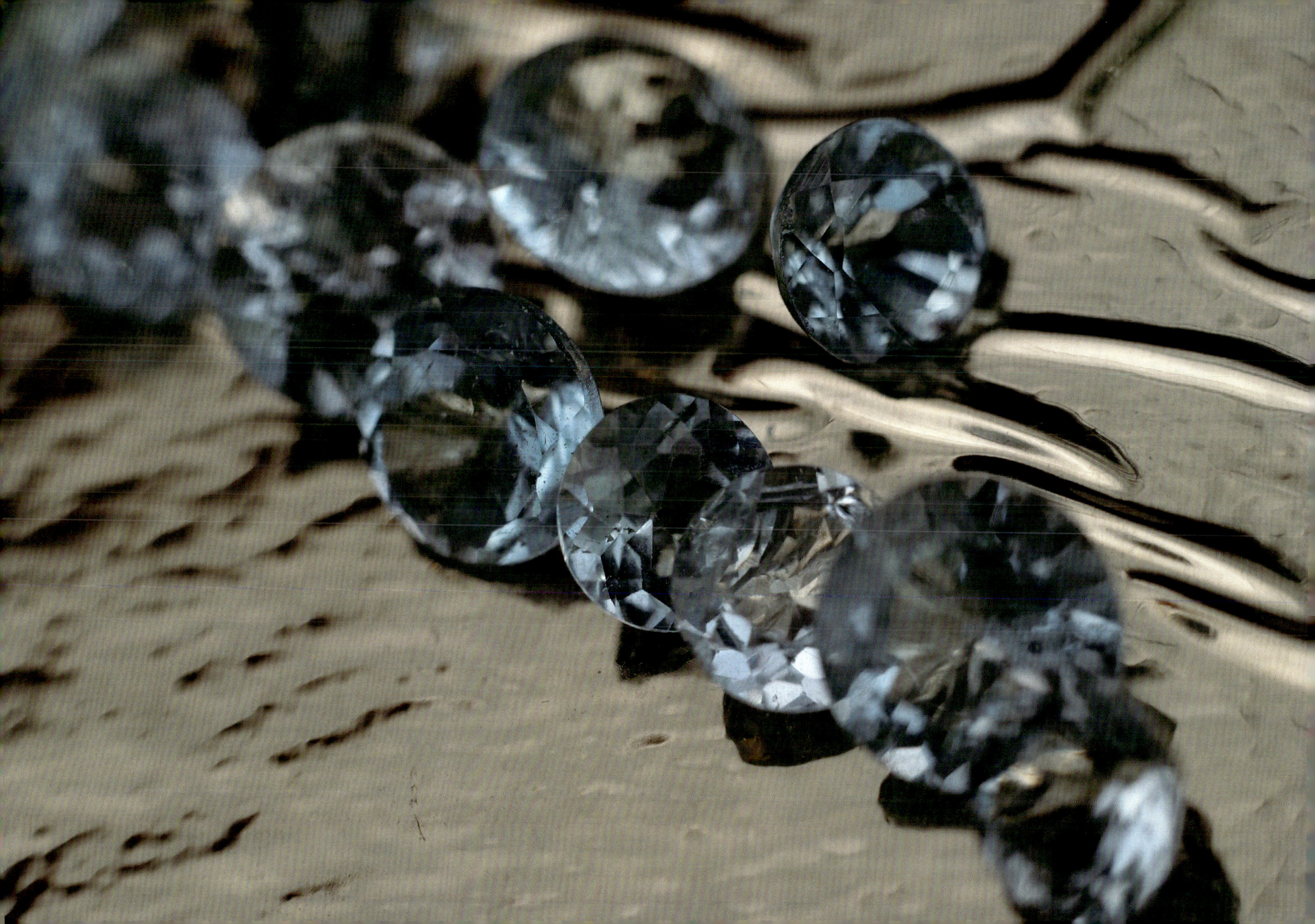

Wo die Sonne leuchtet,
erkennst Du in Windeseile,
wo der Schatten liegt,
Im Leben reagierst Du wie der Schatten,
ein schnelles Tun im rechten Moment,
verwandelst Du alles in Sonnenschein.

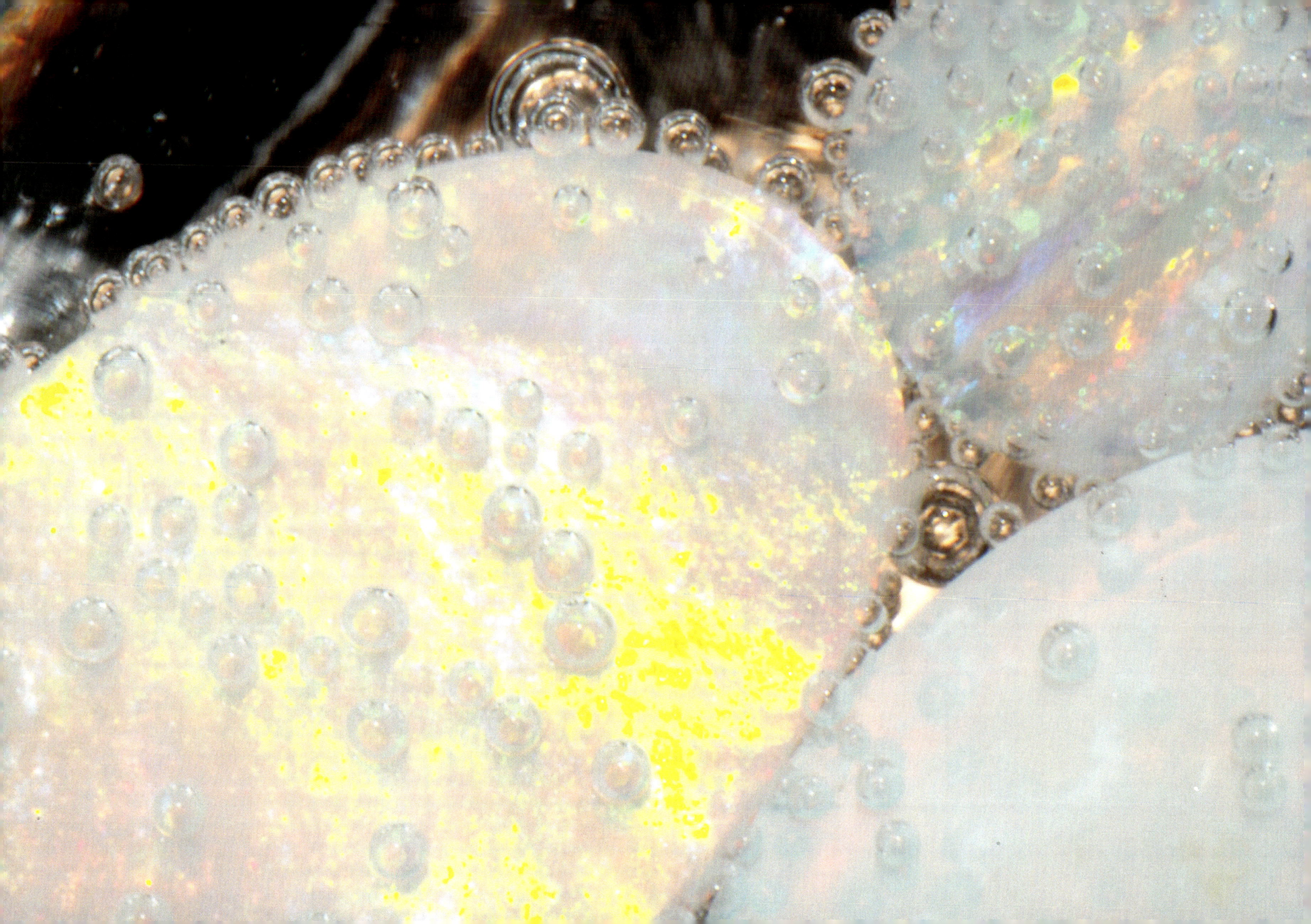

Die Musik klingt in meinem Herzen
und meine Seele jubiliert.
So schön entspringen Töne,
ganz leise vom Instrument.
Ein fröhlich sein mit leichter Stimmung,
ist wundersam und lebenswert.

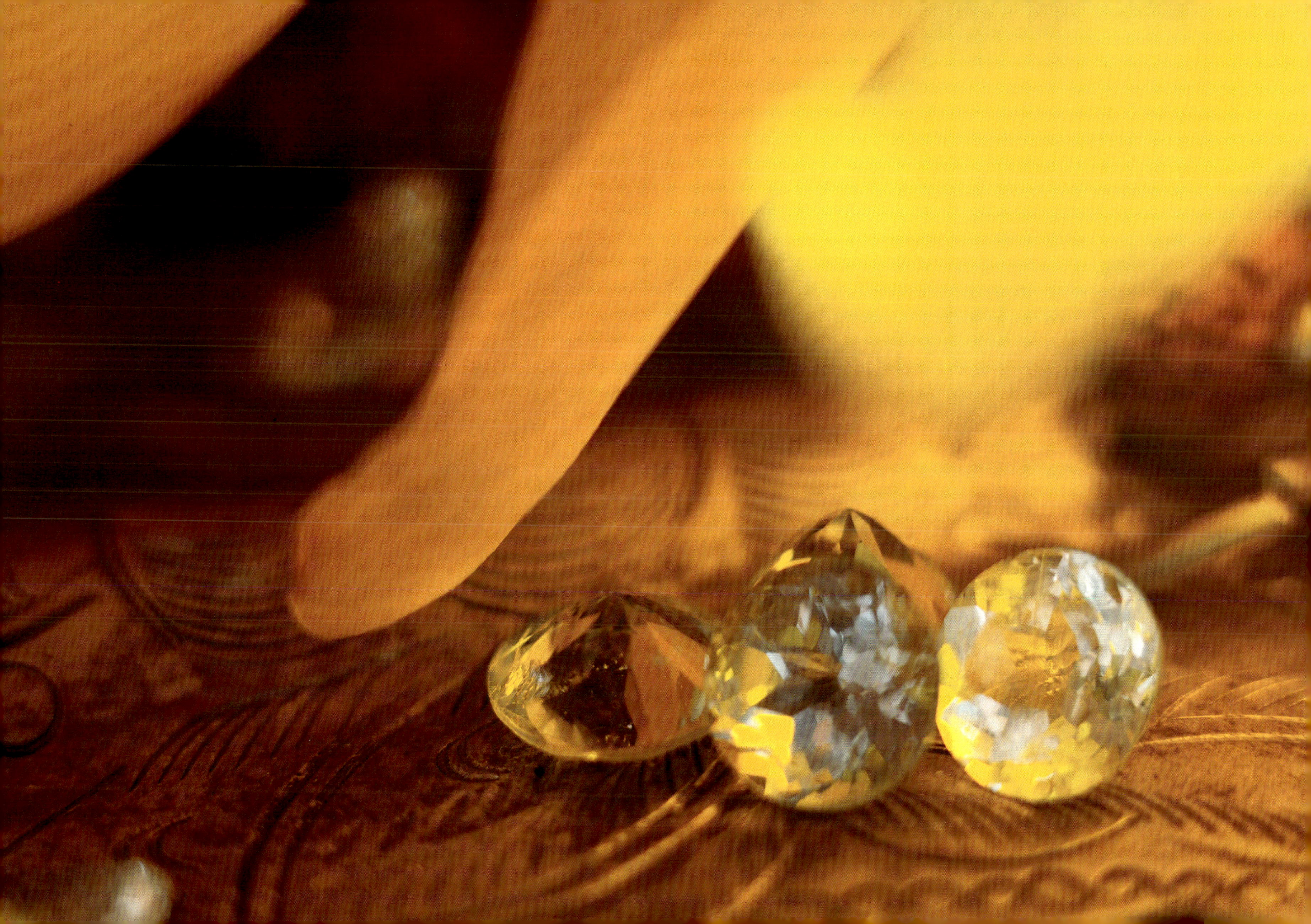

Leere Stellen in meinem Leben,
erzeugten einen leichten Wind des Seins.
Das Beflügeln der Zeit,
verschwindet im Traum der Lüfte.
Erkennen darf der Mensch,
sowohl mit Herz und Geist.
Die Möglichkeiten zu leben
sei aufbauend und fortbestehend.

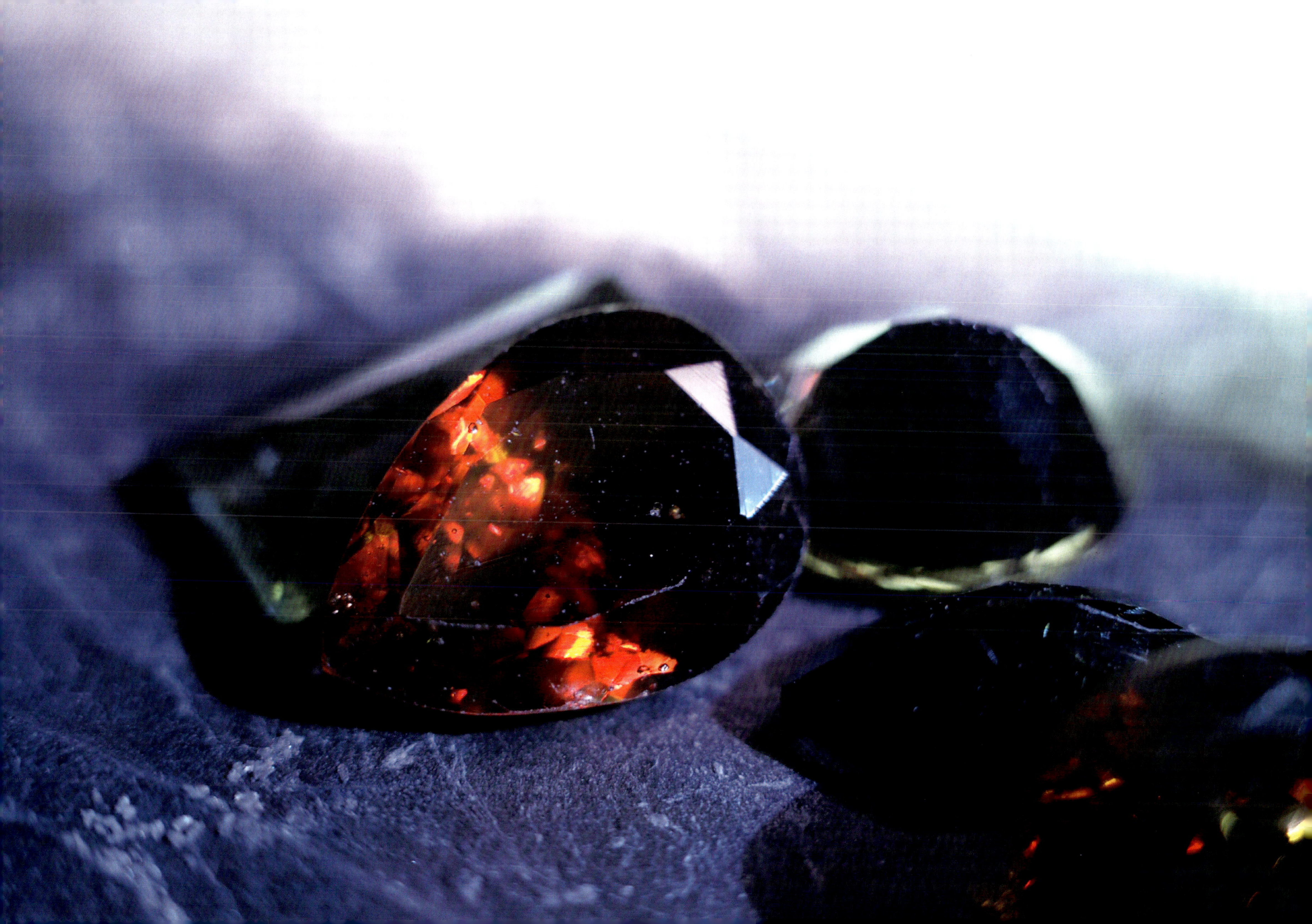

Farbenfroh ist Dein Geist,
mit Ideen die verzaubern.
Schleiche in ergründenden Zwiegesprächen
mit Deinem Selbst
und platziere Deine Gedanken wohlfeinlich.
Gebe acht und tränke Dein Wissen
im Fluss der Überlegung.

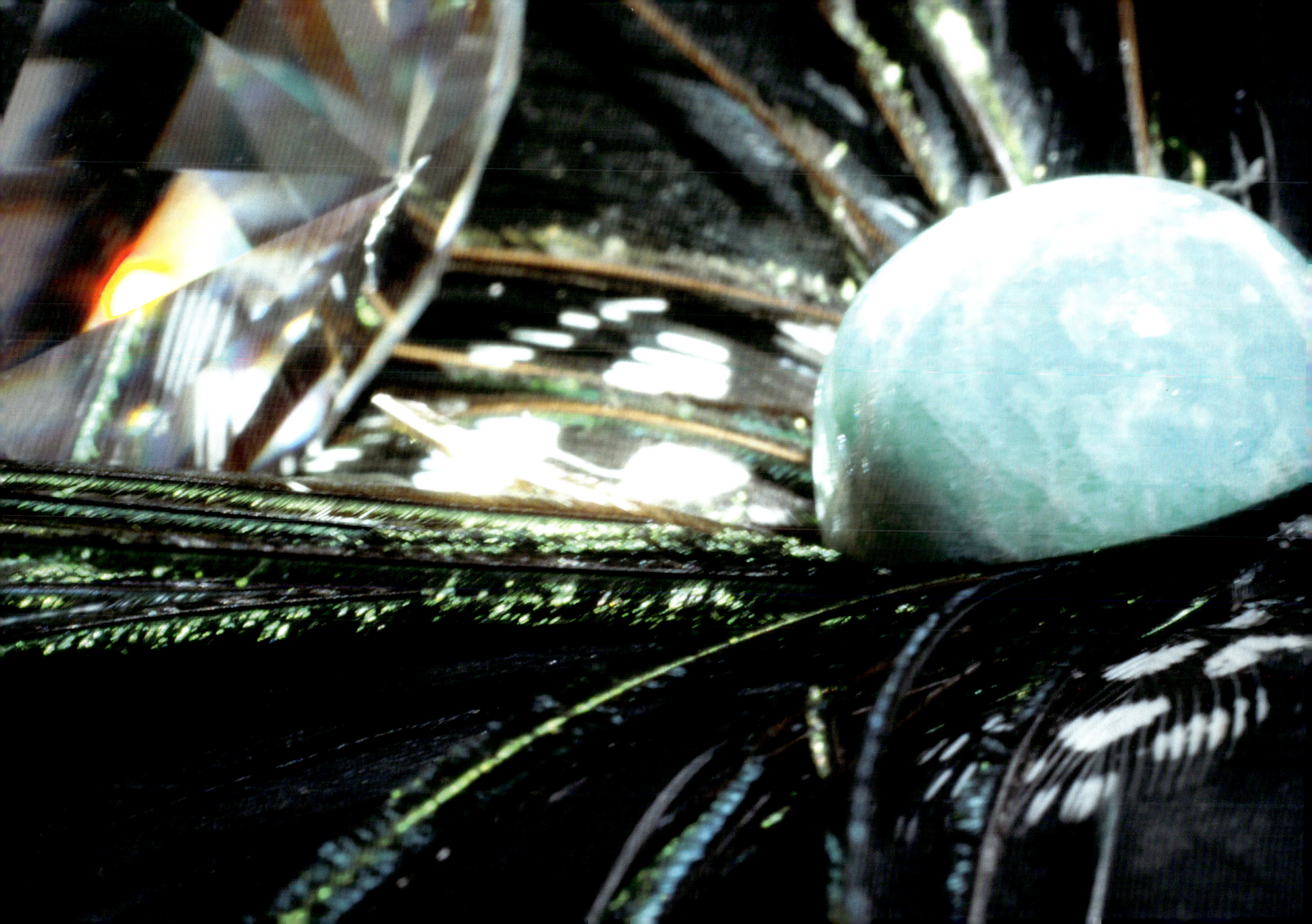

Wie ein Flug aus einer Wolke
geht das Leben her.
In Geschwindigkeiten vereint
mit Zeit und Raum,
erlischt an Jahren und Stunden.
Ein volkommenes Glück
lässt alles vergessen und lässt
Dich in Wolken schweben.

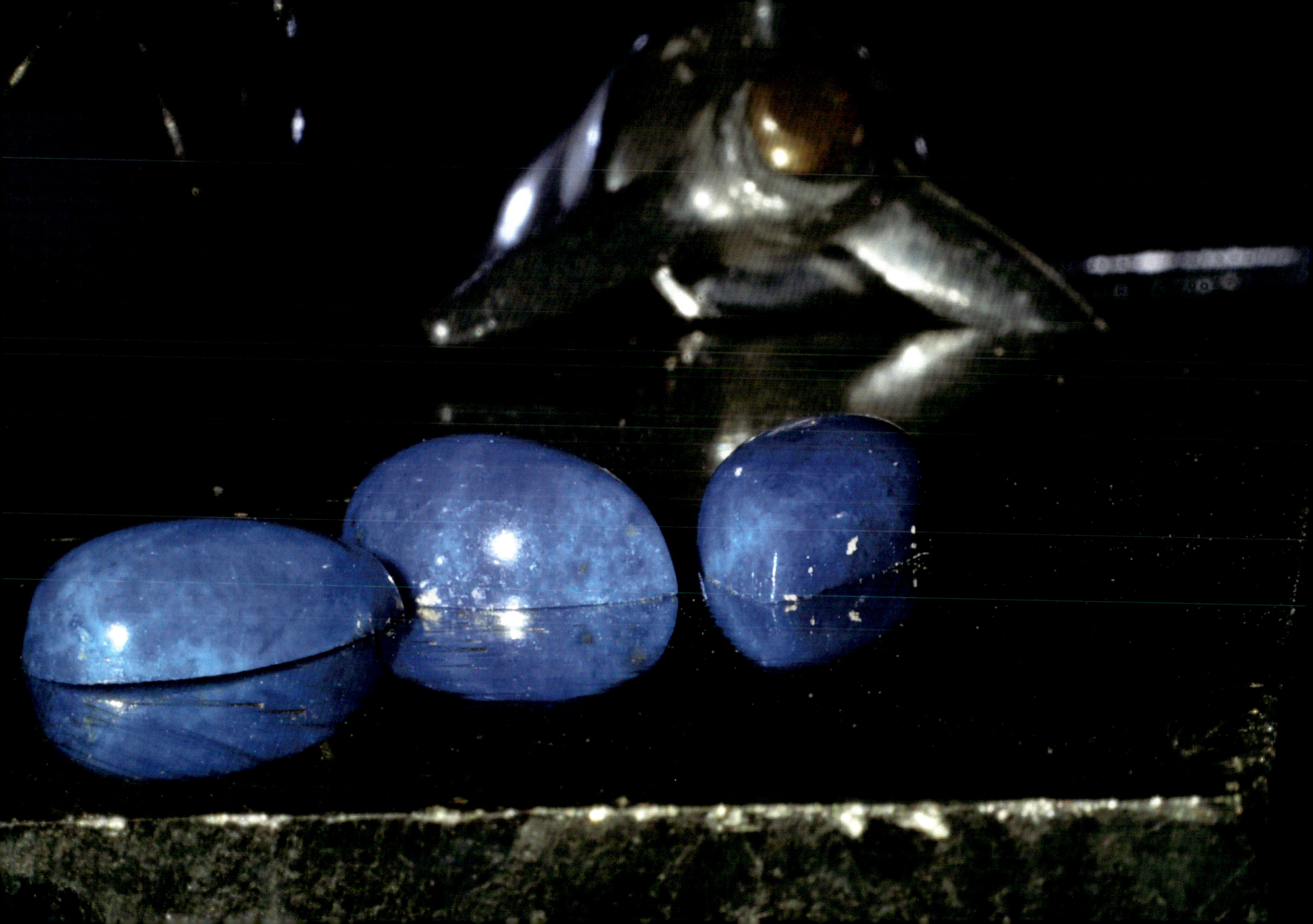

Mein Kopf ist frei,
meine Gedanken umflügeln meine Seele.
Mein Anlitz verkörpert die Idee der Freiheit.
Genuss in Worten und Taten,
ein Erleben im Fluss der Träume.

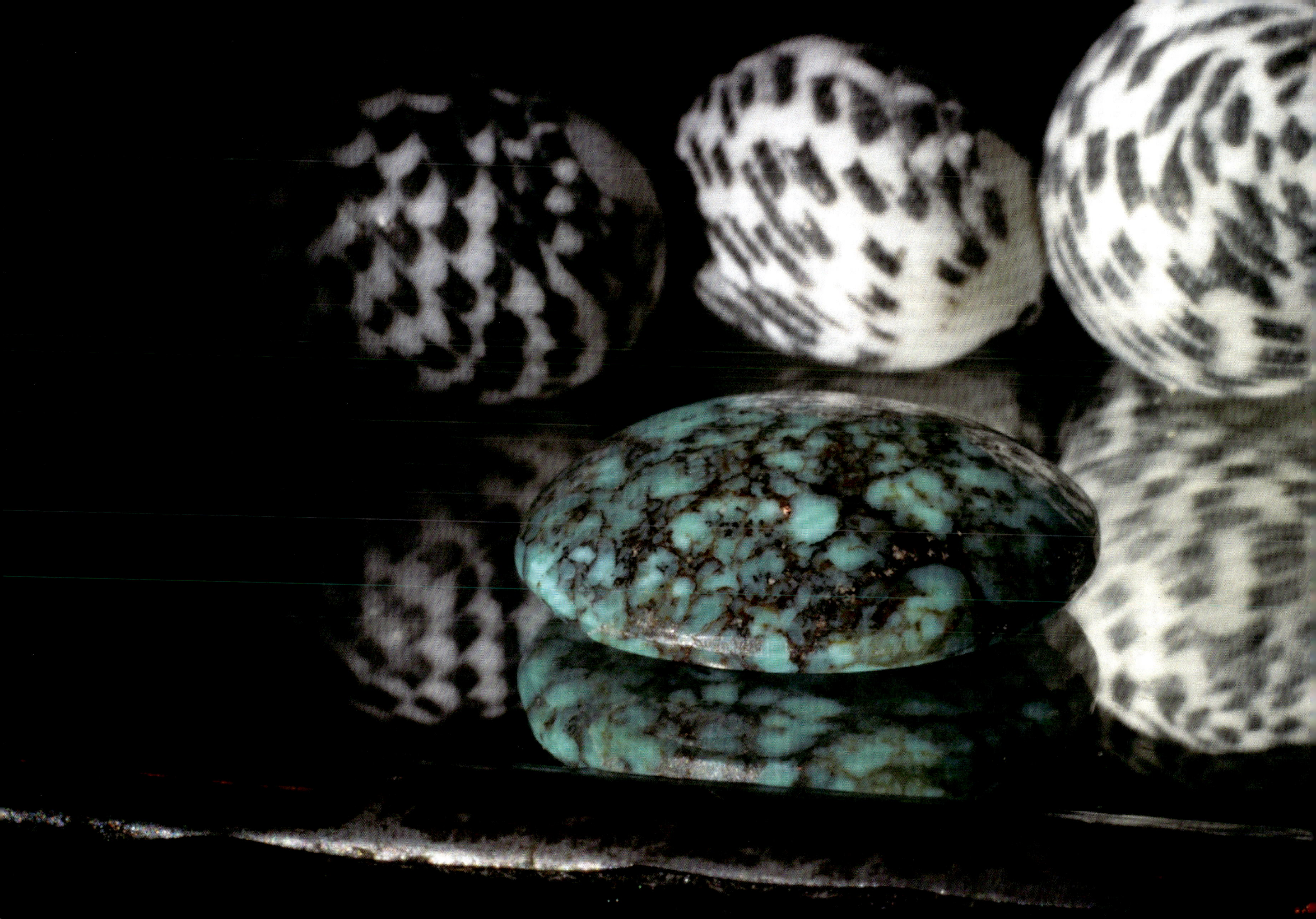

Herrlich, wie eine blühende Blume,
so prachtvoll und graziös.
Poesie der Gedanken, durchfluten meinen Geist.
Erfülle mit der Melodie des Zaubers,
den Moment zu geniessen.

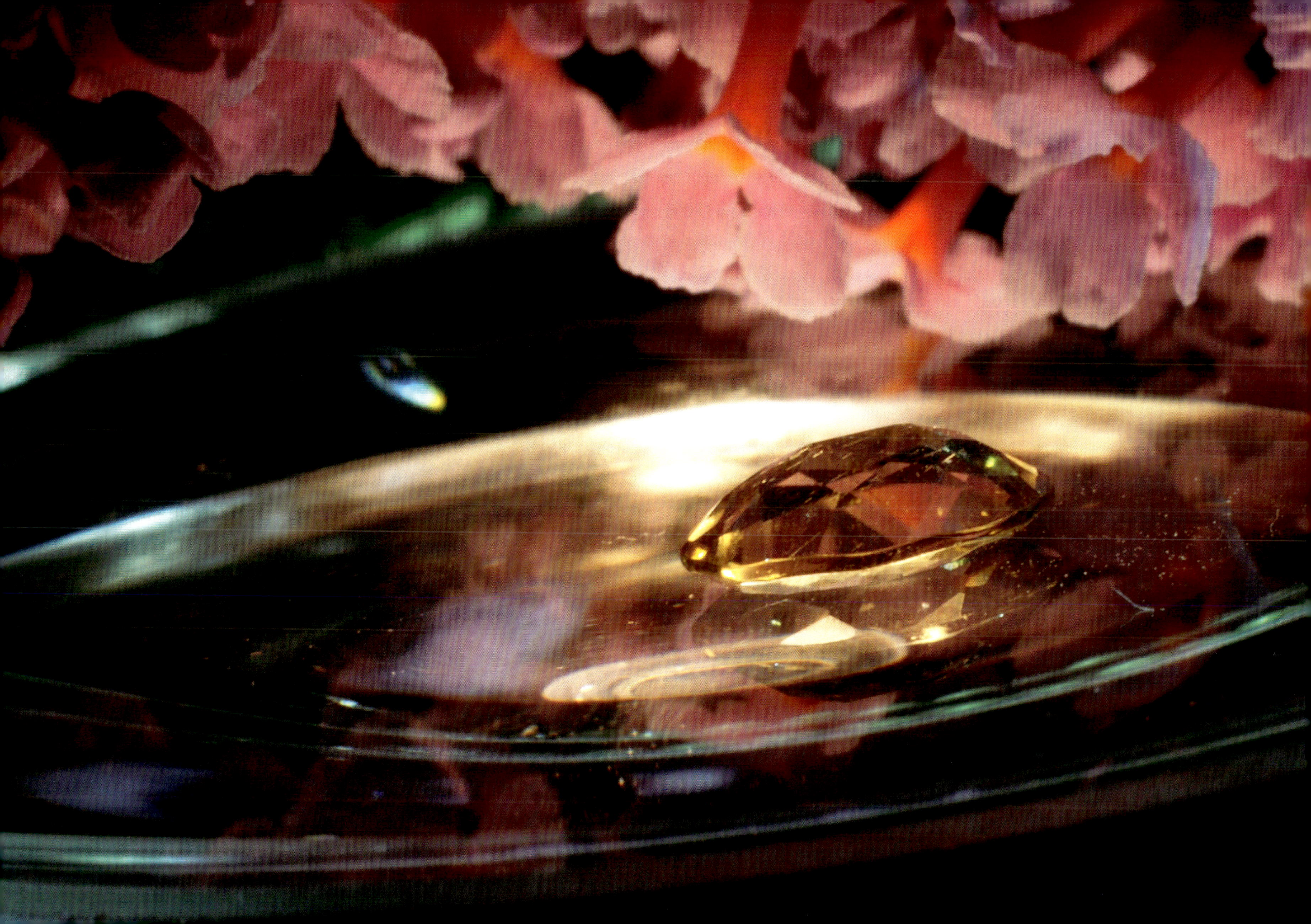

Empfange meine besten Grüße,
aus meinem Herzen rein.
Vertreibe Deine Sorgen
und lad die Freude wieder ein.
Erkunde Dich Deiner Gefühle,
ob die Liebe pocht in Deinem Herzen.

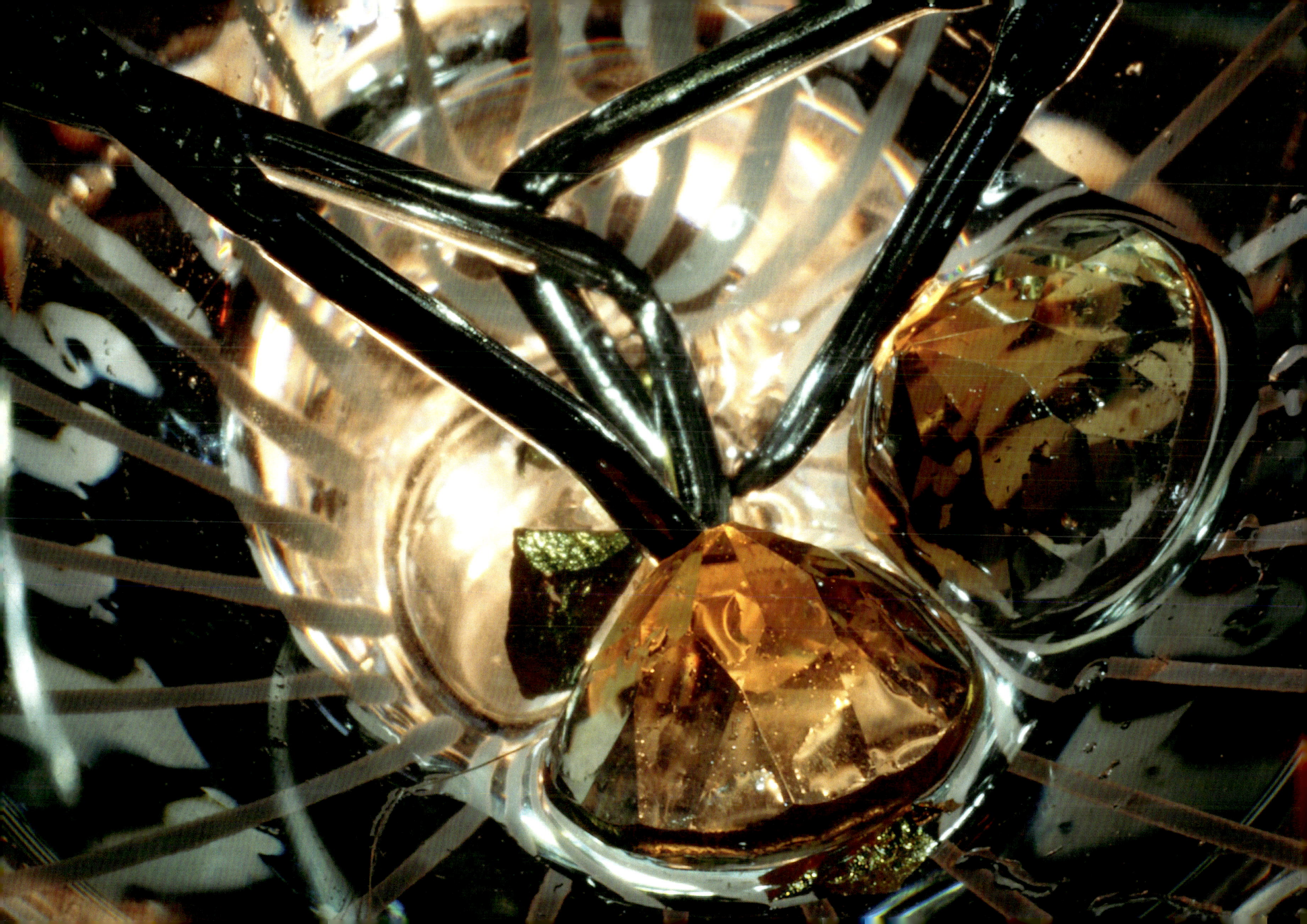

Ein kostbares Glück ist die Liebe.
Wie ein Pflänzchen pflegst Du das Wunder
Tag für Tag.
Sei gütig und mit Herz, so geniesst Du
die Zweisamkeit wie goldene Zeiten.
Der Schlüssel bist Du.

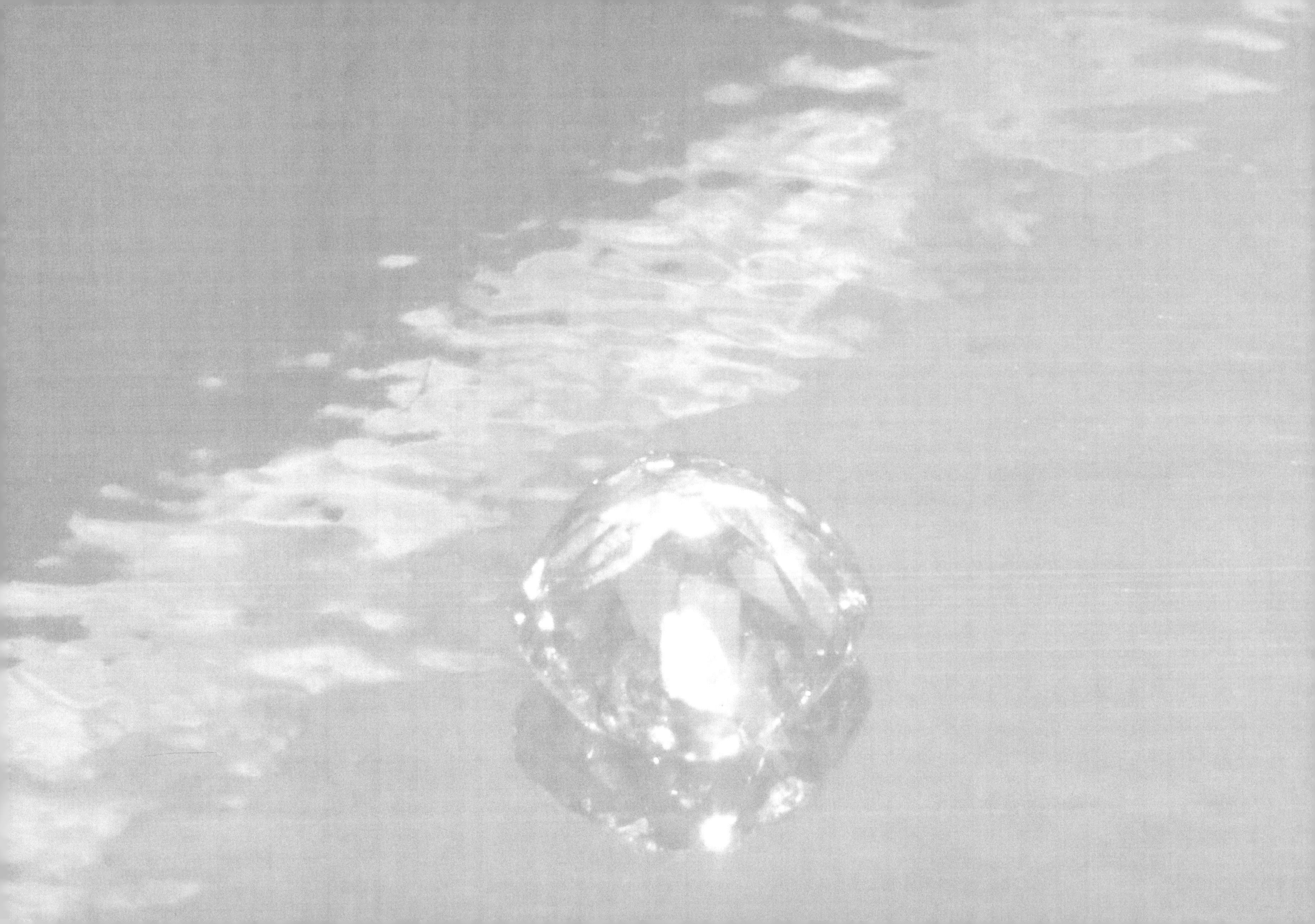